5.-

PFERDE

PFERDE

Michael Clayton

parkland

© 1992 Deutsche Ausgabe: Parkland Verlag, Stuttgart
© 1992 Reed International Books Limited

Übersetzung und Redaktion: Alfred P. Zeller

Satz: Fotosatz Weyhing, Stuttgart
Printed in Hong Kong
ISBN 3-88059-617-4

INHALT

Fohlen	6
Prächtige Ponys	18
Pferde weltweit	26
Klassiker	42
Bei der Jagd	49
In den Sielen	54
Vor Sulky und Kutsche	59
Auf der Rennbahn	67
Das Polospiel	74
Reitkunst in Perfektion	81
Springreiten	91

FOHLEN

Vielfalt, Schönheit und Kraft kennzeichnen jene Tiere, die sich der Mensch in Jahrtausenden zu Helfern und Gefährten gemacht hat: die Pferde. Auch wenn sie in der Arbeitswelt und im Verkehrswesen die überragende Rolle verloren haben, die sie bis zum Beginn unseres Jahrhunderts innehatten, haben sie doch für Freizeit und Sport eine neue Bedeutung erlangt. Der wachsenden Zahl von Pferdefreunden möchte dieses Buch die faszinierende Welt der edlen Tiere nahebringen.

Die Tragzeit der Stuten dauert elf Monate. Für das Abfohlen wird das Frühjahr vorgesehen, weil dann das Gras am nahrhaftesten ist, was Stute und Fohlen zugute kommt. Bereits wenige Stunden nach der Geburt vermag sich das Fohlen auf den Beinen zu halten, und sehr bald kann es selbständig der Mutter folgen. Pferde sind auf die Flucht angelegt, denn diese ist bei Angriffen ihre einzige Verteidigungsmöglichkeit. Deshalb hat es die Natur so eingerichtet, daß das Fohlen bei Gefahr zusammen mit der Mutter die Flucht ergreifen kann. Dies muß man wissen, um bei der Ausbildung der Tiere »pferdegemäß« vorgehen zu können. Eine andere wichtige Gegebenheit ist das außerordentlich gute Gedächtnis der Pferde.

Obgleich von Natur aus zäh und ausdauernd, brauchen vom Menschen aufgezogene Pferde ständige Aufmerksamkeit und Pflege. Wenn Krankheiten auftreten, dann geschieht dies plötzlich, und man muß sofort etwas tun. Die Anschaffung eines Pferdes muß sorgfältig überlegt sein, erfordert doch die Pferdehaltung nicht nur Geld, Zeit und Mühe, sondern bedeutet auch, daß man die Verantwortung für das Wohlergehen eines anderen Lebewesens übernimmt.

So verspielt ein Fohlen auch herumtollt, ist es doch zunächst noch völlig auf die Mutter angewiesen; zwischen beiden besteht eine sehr starke Bindung. Bis das Fohlen mit etwa einem halben Jahr entwöhnt ist, sollten sie nie außer Sichtweite sein. Werden sie zufällig getrennt, etwa indem sie auf verschiedene Seiten eines Gatters geraten, kennen Stute und Fohlen keine Hindernisse, um wieder zusammenzukommen, was manchmal schlimme Folgen haben kann. Das Personal der Gestüte muß also allzeit die Augen offenhalten, besonders bei Vollblütern, die noch ungestümer sind als ihre weniger edlen Artgenossen. Zu Flachrennen werden Pferde frühestens mit zwei Jahren zugelassen, doch sind sie in diesem Alter noch nicht ausgewachsen. Das ist ein Pferd erst mit fünf Jahren oder noch später: Pferde für Vielseitigkeitsprüfungen und Springreiten erreichen ihre Bestform gewöhnlich erst mit weit über sieben Jahren.

Ein sehr unterschiedliches Leben führen die Tiere auf diesen beiden Bildern, die schweren Arbeitspferde auf ihrer Bergweide (oben) und die rassigen Vollblüter in ihrem Gehege in Kentucky (rechtes Bild). Die oben gezeigten Piebalds sind kräftig und ausdauernd und bewähren sich am besten in den Sielen, da sie eine breite Schulterpartie haben. Sie werden ebenso wie die braunweißen Skewbalds und verschiedene Ponyrassen vornehmlich als Zugtiere eingesetzt. An der Färbung der Pferde kann man oft ihr Temperament erkennen; die Piebalds sind als ruhig und folgsam bekannt. Feiner im Körperbau ist der in Kentucky gezüchtete amerikanische Saddler, ein auf Geschwindigkeit und Ausdauer angelegtes vollblütiges Reitpferd, das auf den anspruchsvollen Dirt-Track-Parcours der Vereinigten Staaten häufig zu sehen ist.

Wenn sich eine Pferdeherde frei durch die Landschaft bewegen kann (vorangegangene Doppelseite), halten sich die Fohlen stets in der Nähe ihrer Mütter. Obgleich Stuten gewöhnlich friedlich sind, können sie doch ungemein aggressiv werden, wenn es um den Schutz ihres Fohlens geht.

Am besten gedeihen Pferde auf Weiden, deren Gras knochenaufbauendes Kalzium enthält. Die für die Milchtierhaltung wichtigen saftigen und feuchten Weiden brauchen sie nicht. Von Geburt an kann ein Pferd in der freien Natur bei jedem Wetter und bei fast allen Temperaturen überleben und gedeihen, wenn ihm ein ausreichend großer Lebensraum mit genügend Futter zur Verfügung steht. Im Stall gehaltene Pferde, die zu guten Sportpferden oder kräftigen Arbeitstieren werden sollen, erhalten statt Gras vornehmlich Rauhfutter wie Heu und Stroh, Kraftfutter (vor allem Hafer) und in kleineren Mengen auch Saftfutter, etwa Rüben. Das auf den Bildern dieser Seiten gezeigte freie Leben kennen sie nicht.

Pferde legen sich nur dann zum Ausruhen hin, wenn sie sich sicher fühlen. Sie können sich stundenlang auf den Beinen halten und dösen lieber im Stehen, als Gefahr zu laufen, im Liegen überrascht und angegriffen zu werden. Wenn eine Herde geäst hat und sich zum Ausruhen hinlegt, bleiben immer einige aufmerksame »Posten« auf den Beinen. Dieser Instinkt ist auch durch jahrtausendelange Zucht und Domestizierung durch den Menschen nicht ausgelöscht worden.

Obgleich beim Überspringen mächtiger Hindernisse mutig wie ein Löwe, wird das Pferd furchtsam wie eine Maus, wenn es sich einer Winzigkeit gegenübersieht, die ihm unbekannt ist. Schon ein vom Wind getriebener Papierfetzen kann ein Pferd zum Scheuen bringen.

Pferde lieben es, wenn ihnen die Sonne das Fell wärmt. Das gilt besonders für die vollblütigen Rassen, die auf die Araber und Berber aus dem Mittleren Osten und aus Nordafrika zurückgehen.

PRÄCHTIGE PONYS

Vielseitig und ungemein ansprechend ist das Welsh Pony. Reinrassig ist es wunderschönes Tier, doch herrliche Jagd- und Geländeponys hat auch die Einkreuzung von Arabern oder anderen Vollblütlern hervorgebracht. Welsh Ponys zählen zu den besten britischen Pferden und sind der Stolz ihres Ursprungsgebiets. Das als Reit- oder Zugpferd eingesetzte Welsh Pony ist lebhaft, kräftig und ausdauernd. Bemerkenswert ist seine Intelligenz. Gezüchtet werden vier Schläge. Die oben gezeigten Tiere, die sich gegenseitig mit den Zähnen den Rücken zu kratzen scheinen, gehören zur Welsh Section B, vorzüglichen Reitpferden, die bis zu 138 cm groß werden. Kleiner ist mit einem Stockmaß bis zu 130 cm das schöne Welsh Mountain Pony, ein beliebtes Erstreitpferd für Kinder. Zum Cob-Typ gehören die Welsh Ponys von Section C und D mit Größen von 138 cm und mehr.

Die im Schnee herumtollenden Haflinger sind Bergpferde, die ursprünglich aus Südtirol stammen. Obgleich selten größer als 145 cm, ist der Haflinger außergewöhnlich kräftig und ein ideales Vielzweck- und Freizeitpferd.

Das Bild oben zeigt eine Shetlandponystute mit ihrem Fohlen. Mit einem Stockmaß bis zu 110 cm gehören die Shetlandponys zur kleinsten der neun Ponyrassen, die in Großbritannien heimisch sind. Früher wurden sie in ihren heimatlichen Shetland-Inseln als Pack- und Zugtiere eingesetzt. Heute sind sie die bei weitem beliebtesten Kinderreitponys.

Gutmütig und unerschütterlich, sind die Shetlandponys ideale Reittiere für Kinder. In Großbritannien ist das Shetland Grand National zu einem festen und ungemein beliebten Bestandteil von Pferdeschauveranstaltungen geworden. Unser Bild zeigt junge Reiter und ihre Pferde bei der alljährlichen Royal Show in Stoneleigh (Grafschaft Warwickshire). Wie richtige Rennpferde werden die Ponys vor dem Start vorgeführt und setzen dann in halsbrecherischem Galopp über den mit Hindernissen bestückten Parcours. Der Liebling der Zuschauer ist meist das kleinste der Ponys, das zwar kaum eines der Hindernisse schafft, aber beim Endspurt wieder tüchtig mitmacht. Ein Reporter kommentiert das Rennen im atemberaubenden Grand-National-Stil über die Lautsprecheranlage.

Ideale Reittiere für Kinder sind die New-Forest-Ponys: Sie sind gutmütig und ruhig, intelligent und verkehrssicher, aber auch mutig. Mit einem Stockmaß von 122 bis 142 cm haben sie einen schmalen Rücken, was für Kinder praktisch ist. Die links gezeigte Gruppe tummelt sich in einem Wald, aber in ihrer Heimat, dem New Forest, gibt es auch viel Heide- und Moorland. Der New Forest war von normannischer Zeit bis 1851 königliches Jagdrevier. Die dort frei laufenden Ponys gehören einheimischen Bauern, die traditionelle Weiderechte haben. Streitigkeiten wegen dieser Rechte werden immer noch vom alten Verderer's Court geschlichtet, und überwacht wird die Ponyzucht von vier Hofbeamten, den Agisters.

Das Bild oben zeigt Dartmoorponys auf einer Weide in ihrer südwestenglischen Heimat, aber die schönsten Tiere sieht man nicht in der freien Natur, sondern in den Gestüten. Das Dartmoorpony ist mit einem Stockmaß bis zu 127 cm kleiner als das New-Forest-Pony; es ist temperamentvoll, aber folgsam. Überraschend kräftig, kann es nicht nur Kinder, sondern auch leichtere Erwachsene tragen.

PFERDE WELTWEIT

Auch ein schweres Pferd kann galoppieren, wie das Shire auf dem Bild oben beweist. Das Shire ist das beste und größte der englischen Arbeitspferde und erfreut sich in aller Welt wachsender Beliebtheit. Vorfahren des Shire waren die Schlachtrosse der Ritterzeit, die »great horses« des Mittelalters. Auf dem Land werden Shires nur noch auf einigen wenigen Bauernhöfen eingesetzt, die auf traditionelle Bewirtschaftung Wert legen; in manchen Städten ziehen sie Brauereiwagen.
Ein schweres kaltblütiges Pferd ist der Percheron (rechts) aus der französischen Landschaft La Perche, in den schon früh Araber eingekreuzt wurden.
Er wird weltweit als Arbeitspferd eingesetzt.
Das hier gezeigte Tier stammt aus dem berühmten Kentucky-Pferdepark in Lexington, Kentucky.

Auch wer von Pferden nicht viel Ahnung hat, erkennt unschwer einen Appaloosa an seiner auffälligen Fleckung. Diese markant gescheckten und ungemein beliebten Reitpferde stammen von Pferden ab, die von den spanischen Konquistadoren im 16. Jahrhundert nach Amerika gabracht und später im Palouse-Tal in Idaho von den Nez-Percé-Indianern weitergezüchtet wurden.
Natürlich verdanken sie ihre Bliebtheit nicht nur der ungewöhnlichen Färbung. Es sind ausgezeichnete Reitpferde, die man heute auch in Europa, Australien und anderswo findet.
Nicht alle Schecken sind Appaloosa. Nach den Zuchtbestimmungen sind sechs Fleckungen zulässig, und oft weisen die Hufe auf dem Horn vertikale Streifen auf. Der mittelgroße Appaloosa hat ein Stockmaß bis zu 155 cm.

Als Selle Français (oder Anglo-Normänner) bezeichnet man eine französische Reitpferdekreuzung, die vom alten Normannenpferd abstammt. Zur Verbesserung wurde englisches Vollblut eingekreuzt, und auch Araberhengste wurden den französischen Stuten zugeführt. Dank des spezifischen Systems der französischen Pferdewetten können Züchter zu viel Geld kommen, und deshalb arbeiten in Frankreich staatlich subventionierte Gestüte mit Gewinn.

Je nach Größe und Schwere unterscheidet man zwei Schläge. Der Typ Selle ist ein edles Reitpferd mit harmonischen Linien, meist in Braun (rechtes Bild), und zeichnet sich durch sehr gutes Galoppier- und Springvermögen aus. Der Typ Cob ist kleiner, kurzbeiniger und kräftiger und wird als Landwirtschafts- und Wagenpferd eingesetzt.

Am stärksten beeinflußt wurde die Pferdezucht weltweit durch die Araber. Die arabischen Beduinen züchteten Pferde für ihre Bedürfnisse, für den Kampf, für Transport und Jagd und als Gefährten und Begleiter. Auch der Prophet Mohammed erkannte die Wichtigkeit der Pferde und verlieh ihnen religiöse Bedeutung. Die oben gezeigten Pferde stehen in Marokko und sind der Hitze Nordafrikas und des Mittleren Ostens angepaßt, aber Araberpferde können in allen Klimazonen gezüchtet und gehalten werden. Araber gehörten zu den orientalischen Pferden, die im 17. und 18. Jahrhundert zur Entwicklung des Englischen Vollbluts ins Land geholt wurden. Aber auch noch im 19. Jahrhundert führten die Engländer zahlreiche Araber ein, die sie reinrassig sehr schätzten, so daß heute aus vielen englischen Ställen die typischen Araberköpfe (rechts) herauslugen.

Seine glühenden Bewunderer bezeichnen den Araber als edelstes und schönstes aller Rassepferde, und dem kann man kaum widersprechen. Unverwechselbar ist der ausdrucksvolle leichte Kopf des Arabers mit konkav eingesenktem Nasenprofil, breiter Stirn und schmaler Schnauze. Der Rumpf des Arabers ist kompakt und tief, der Rücken kurz und flach. Der Schweif des Arabers ist beim Laufen typisch hochgestellt. Die Bewegungen sind leicht und schwebend, so daß das Tier in fließender Bewegung dahinzutänzeln scheint. Die Beine sind trocken und sehnig. Temperament, Mut und Intelligenz sind hervorstechende Eigenschaften. Araberscheiche, die in der Nachkriegszeit durch Erdöl reich geworden sind, haben viel Geld in die weitere Vervollkommnung der Pferderasse investiert. Der weltweite Handel mit Arabern wirft hohe Gewinne ab, da die Nachfrage nach Reit-, Renn- und Zuchtpferden dieser Rasse ständig steigt.

Ein weiteres faszinierendes Pferd orientalischer Herkunft ist der Berber (linkes Bild). Ursprünglich wurde er in Marokko und Algerien gezüchtet, kam im 8. Jahrhundert mit den mohammedanischen Eroberern nach Spanien und gelangte von dort mit den Konquistadoren nach Südamerika. Als englische Pferdefreunde im 17. Jahrhundert ihre Liebe zu orientalischen Pferden entdeckten, holten sie neben Arabern auch Berber nach England, um sie mit einheimischen Reitpferden zu kreuzen. Berber spielten eine Rolle bei der Entwicklung des Englischen Vollbluts, obgleich in geringerem Maße als die Araber.

Auch der Andalusier (oberes Bild) verdankt seine Entstehung dem Berber. Er ist ein edles Reitpferd, das in Spanien viel bei festlichen Umritten und Aufzügen zu sehen ist. Meist braun oder grau, erreicht er ein Stockmaß von 155 bis 165 cm und ist gutartig und gelehrig, aber feurig.

Unter dem Einfluß der vielen Wildwestfilme in Kino und Fernsehen haben sich Reiter in aller Welt dem Westernreiten zugewandt, einem aus dem Alltag der Cowboys hervorgegangenen Sport, der viel Spaß macht. Statt Reithosen und -stiefeln trägt man Überhosen aus Leder; der breite Westernsattel ist beim Reiten bequem, aber beim Springen nicht eben ideal. Das Missouri Fox-trotting Horse (oben) wurde für große Entfernungen in unwegsamem Gelände gezüchtet und ist ein gutmütiges Reitpferd. Die flotte Reiterin auf dem Bild rechts beteiligt sich am Barrel racing, bei dem die Teilnehmer um nach einem bestimmten Schema aufgestellte Fässer reiten. Was den Experten am Westernreiten allerdings nicht gefällt, ist der breitkrempige Hut, der bei Stürzen keinerlei Schutz bietet.

KLASSIKER

Ungemein beeindruckend sind die Camargue-Pferde, die ihren Namen dem sumpfigen Mündungsdelta der Rhône in Südfrankreich verdanken. Als »wilde Meerschimmel« wurden sie von den Hirten gehalten, die die schwarzen Kampfstiere der Camargue hüteten. Eine Gruppe solcher Hirten zeigt das Bild unten.

Vielleicht entstanden die Camargue-Pferde durch eine frühe Einkreuzung von Berbern. Erst 1968 wurden sie als eigene Rasse offiziell anerkannt. Heute ist die Camargue ein berühmtes europäisches Naturschutzgebiet, das alljährlich von zahllosen Touristen besucht wird. Den Besuchern wird die Möglichkeit geboten, auf Camargue-Pferden die artenreiche Fauna des uralten Sumpfgebiets kennenzulernen.

Zu den bekanntesten Institutionen Österreichs gehört die Spanische Hofreitschule in Wien, bei einem Besuch in der österreichischen Hauptstadt ein Muß für jeden Pferdefreund. Gezüchtet werden ihre berühmten Lipizzaner in Piber bei Graz (Steiermark), wo man bei Führungen Stuten und Fohlen bewundern kann. Die friedliche Landschaft bei Piber bildet einen vollkommenen Gegensatz zum prächtigen Reitsaal im Wiener Hof, der im frühen 18. Jahrhundert geschaffen wurde und seit Kaiser Karl VI. der Spanischen Hofreitschule zur Verfügung steht. Vorgeführt wird die berühmte Hohe Schule nur von Hengsten. Spanisch heißt die Hofreitschule, weil die Pferde ursprünglich aus Spanien für das Gestüt Lipizza im slowenischen Karstgebiet eingeführt wurden, wo die Pferde für die noch heute allbekannte Hohe Schule abgerichtet wurden. Jahrelange Übung ist nötig, bis Pferde und Reiter diese Kunst vollkommen beherrschen. Vorgeführt wird von der Spanischen Hofreitschule Reitkunst in höchster Vollendung.

Zu den eindrucksvollsten Übungen der Hohen Schule gehören die explosiven Sprünge der Lipizzaner, die »Schulen über der Erde«. Die Ballotade (oben) wird »an der Hand« ausgeführt. Auf dem Höhepunkt des Sprungs liegt der Hengst fast waagerecht in der Luft. Die Hengste der Spanischen Hofreitschule werden am langen Zügel ausgebildet, ehe sie die Übungen der Hohen Schule mit Reitern vorführen. Während einer Vorführung der Spanischen Hofreitschule (links) zeigt ein Hengst die Piaffe, den kadenzierten Trab auf der Stelle in den Pilaren (Pfosten), zwischen die das zu schulende Pferd gestellt wird. Nach dem Zweiten Weltkrieg hat die Spanische Hofreitschule zahlreiche Gastvorführungen gegeben und Millionen von Bewunderern in aller Welt gefunden.

BEI DER JAGD

Man sieht ihn heute bei Jagden nur noch sehr selten, aber beim Springreiten ist der Damensattel besonders für hohe Hindernisse sehr praktisch. Bis zum ausgehenden 19. Jahrhundert waren Frauen bei Jagden nicht sonderlich gern gesehen. Daß sie dann immer zahlreicher teilnehmen konnten, verdankten sie nicht zuletzt dem »Sicherheitsrock«, der verhinderte, daß sich die Reiterin bei Stürzen heillos im Pferdegeschirr verhedderte. Beim Vielseitigkeitsreiten (oberes Bild) ist der Seitsitz im Damensattel bei der Geländeprüfung für Damen noch zulässig. Heute sieht man zwar den Seitsitz wieder häufiger, aber die meisten Mädchen lernen das Reiten im Normalsitz und denken nicht daran, sich auf einen Damensattel zu setzen, obgleich dies zweifellos ein recht elegantes Bild abgibt.

Die beliebtesten Reitsportveranstaltungen in Großbritannien sind immer noch die Fuchsjagden. Veranstaltet werden alljährlich mehr als 200 offizielle Fuchsjagden mit Hundemeuten, an denen weit über 50 000 Reiter regelmäßig teilnehmen und die noch weit mehr Neugierige zu Fuß anlocken. Wer in Leicestershire am Quorn (linkes Bild) teilnimmt, wechselt das Pferd gewöhnlich in der Mitte des Tages, an dem über Weideland galoppiert wird und zahlreiche natürliche und künstliche Hindernisse übersprungen werden. Diese Jagd gehört zu den bekanntesten, aber Jagden werden überall veranstaltet, wo es ein geeignetes Gelände gibt.

»Glücklich ist, wer zum eigenen Vergnügen reitet und nicht, um andere zu beeindrucken«, sagt Jorrocks, Surtees' große Sportreiterfigur. Die Jagd zu Pferd schenkt den Reitern etwas, das einem Nichtreiter nur schwer zu vermitteln ist, ein Gefühl von schrankenloser Freiheit. Teilnehmen kann jedermann vom Kind bis zum Greis. Als Reitpferde dienen Ponys, Cobs und Vollblutpferde je nach der Landschaft, in der gejagt wird.

Nach dem Halali, mit dem die Jagd abgeblasen wird, kehren Meute und Jäger im Jagdparadies Leicestershire zu den Stallungen zurück. Die Quorn-Jagd wird seit 1753 veranstaltet. Die Jagdsaison dauert von November bis Mitte März; an den beliebtesten Tagen, Montag und Freitag, finden sich bis zu 150 Teilnehmer ein. Durch das weitläufige Gelände ziehen sich viele Zäune, die den berittenen Jägern bis zu 50 Sprünge abfordern. Das untere Bild zeigt die beste Meute der Grafschaft Gloucestershire, die dem Herzog von Beaufort gehört. Bei seiner Jagd sind Jäger und Treiber dunkelgrün gekleidet, während das Jagdpersonal der meisten anderen Meuten rot gewandet ist. Wer als Gast an den Jagden des Herzogs von Beaufort teilnimmt, trägt einen blauen Jagdrock.

Solche Traditionen sind langlebig, und auch die Jagd erfreut sich trotz vereinzelter Widerstände nach wie vor großer Beliebtheit in breiten Schichten des Volkes, weil sie gut zu den in jüngster Zeit auf dem Lande eingetretenen Veränderungen paßt.

IN DEN SIELEN

Die majestätische Mächtigkeit des Shire ist heute bei englischen Pferdeschauen ein wohlvertrauter Anblick, doch nach dem Zweiten Weltkrieg drohte diese Rasse auszusterben. Die zunehmende Motorisierung in der Landwirtschaft machte Zugpferde überflüssig, und so ging die Zahl reinrassiger Shires in Großbritannien rasch zurück. Erhalten blieb die Rasse nur dank der unermüdlichen Bemühungen einiger engagierter Mitglieder der 1878 gegründeten Shire Horse Society. Zugute kam ihnen, daß in Nordamerika eine wachsende Nachfrage nach den leistungsfähigen Zug- und Arbeitspferden einsetzte. Heute werden Shires besonders in Derbyshire gezüchtet, wo die Zucht für viele Landwirte eine rentable Ergänzung zur Schaf- und Rinderhaltung darstellt. Das Viergespann auf dem oberen Bild zieht eine Egge, das Dreiergespann rechts einen Wagen bei einer Schauveranstaltung.

Folgende Doppelseite: Ein Clydesdale-Gespann beim Pflügen.

VOR SULKY UND WAGEN

An die beeindruckende Welt russischer Erzählungen und Dramen erinnert diese Orlow-Traber-Troika. Bei ihrem Anblick denkt man an Fahrten in tiefem Schnee, gehetzt von Wolfsrudeln. Der aus Rußland stammende Orlow-Traber verdankt seinen Namen dem Grafen Alexeij Grigorjewitsch Orlow, einem Günstling der Zarin Katharina der Großen, der ab 1775 den persischen Schimmelhengst Smetanka mit russischen Voll- und Halbblutstuten kreuzte, woraus eine Rasse wunderschöner Schimmel, Brauner, Füchse und Rappen hervorgegangen ist. Heute unterscheidet man fünf verschiedene Schläge, unter denen der mittelgroße Chrenow (aus dem Gestüt Chrenowoije bei Woronesch) am typischsten ist. Der Graf Orlow hatte seine Zucht in seinem Gestüt Ostrow bei Moskau begonnen. Die Troika auf dem Bild links zieht eine Kalesche, eine offene vierrädrige Kutsche.

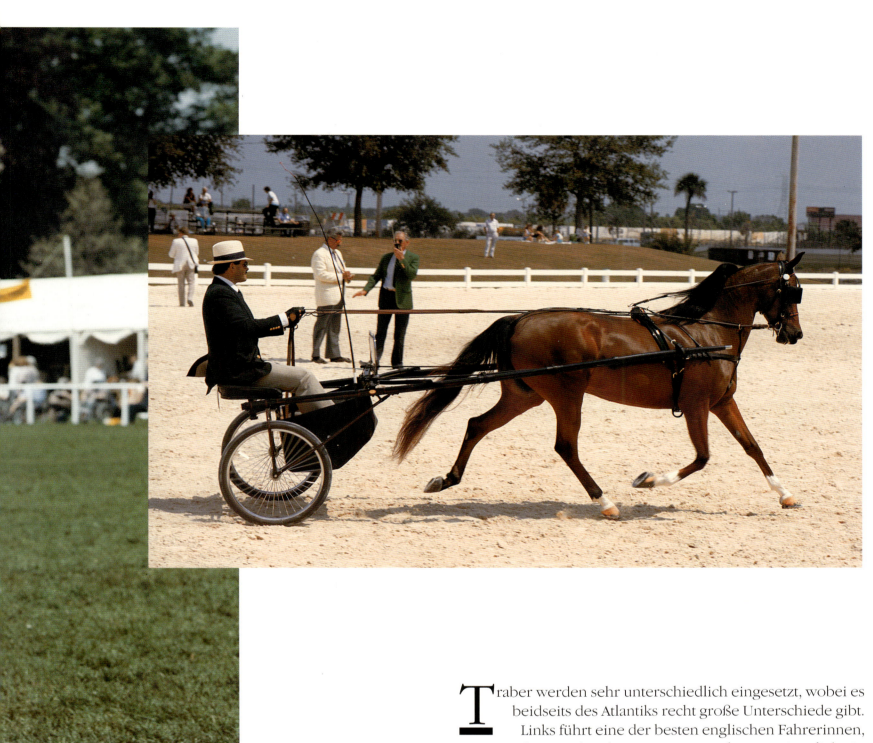

Traber werden sehr unterschiedlich eingesetzt, wobei es beidseits des Atlantiks recht große Unterschiede gibt. Links führt eine der besten englischen Fahrerinnen, Miss Cynthia Haydon, bei einer Veranstaltung meisterlich ein Hackneypony vor. Die aus dem Norfolk-Trotter gezogenen Hackneys sind durch ihren spektakulären Trab mit flottem, federndem Schritt bekannt. Da sie außergewöhnlich temperamentvoll sind, erfordern ihre Vorführung und Behandlung beträchtliches Geschick. Der Trab der Hackneys ist sehr hoch und wenig raumgreifend, so daß sie fast über den Boden zu schweben scheinen.
Auf dem Bild oben zieht in Tampa (Florida) ein Traber einen zweirädrigen Sulky. Sulkys werden auch von Pacern (Paßgängern) gezogen, bei denen sich die Beine einer Seite gleichzeitig nach vorn oder hinten bewegen. In vielen Ländern sind Trabrennen sehr beliebt; Pacer sind nur in den Vereinigten Staaten zugelassen.

Folgende Doppelseite: Ein Zweispänner durchquert bei der Royal Windsor Horse Show den Wassergraben.

Sankt Moritz, der berühmte Schweizer Wintersportort, hat eine für viele Besucher überraschende Attraktion zu bieten: Pferdesport auf Eis und Schnee. Für solche Veranstaltungen wurden spezielle rutschfeste Hufeisen mit Gummieinlagen entwickelt, die den Pferden auch auf dem spiegelglattem Untergrund schneebedeckten Eises guten Halt geben. Man spielt in Sankt Moritz im tiefsten Winter Polo, frönt dem Springreiten oder führt mit Schlitten Trabrennen durch (Bild rechts) – ein weiterer Beweis für die Vielseitigkeit unserer vierbeinigen Freunde. Wenn die Tiere in den Pausen zwischen den Veranstaltungen gut zugedeckt sind, nehmen sie auch bei tiefen Temperaturen keinen Schaden. Mehr unter der Kälte zu leiden haben beim winterlichen Pferdesport die Zuschauer, die sich gewöhnlich mit heißem Glühwein stärken.

AUF DER RENNBAHN

Bei Galopprennen sind der Siegeswille und die geschickte Einteilung des Rennens fast ebenso wichtig wie das reiterliche Können, das natürlich für eine erfolgreiche Partnerschaft von Pferd und Jockey unerläßlich ist. Fernsehübertragungen und Videokameras haben dafür gesorgt, daß heute solche Rennen sehr viel aufmerksamer beobachtet werden als früher. Man legt größten Wert auf die gewissenhafte Einhaltung der Regeln und ahndet unerbittlich alle erkannten Verstöße wie Rempeln und Behindern, aber auch einen übermäßigen Einsatz der Peitsche. Bei Regelverstößen gibt es Strafen und Anullierungen, und das kann berühmte Jockeys ebenso treffen wie ihre noch unbekannten Kollegen.

Folgende Doppelseite:
Vor dem Rennen.
Nachfolgende Doppelseite:
Während des Rennens.

Für Amateure sind die in den Wintermonaten ungemein beliebten Hindernisrennen sehr viel interessanter als die Flachrennen in der wärmeren Jahreszeit, die fast ganz und gar von den Berufsjockeys dominiert werden. Bei zahlreichen Springreitveranstaltungen treten Amateure gegen Berufsreiter an, und obendrein gibt es spezielle Hindernisrennen, zu denen nur Amateure zugelassen sind. Die Zahl der Teilnehmer ist bei den winterlichen Hindernisrennen (Bild rechts) oft groß, da viele Pferde dafür abgestellt werden, die im Sommer an Flachrennen teilnehmen. Weit schwieriger ist es, erstklassige Pferde für Mächtigkeitsritte zu finden, bei denen große Hindernisse wie der Wassergraben auf dem Bild oben überwunden werden müssen. Gute Pferde dieses Kalibers können für viele Jahre zum Publikumsliebling werden und werden gelgentlich sogar wie Nationalhelden gefeiert.

DAS POLOSPIEL

Eine der ältesten und schnellsten Sportarten der Welt, das Polo, wird in fast allen Ländern gespielt, in denen Pferde gehalten werden. Das schon um 500 v. Chr. von den Persern betriebene Ballspiel erfreut sich nach wie vor großer Beliebtheit. Die Spieler sitzen dabei auf Pferden, die als Poloponys bezeichnet werden, obwohl es meist richtige Pferde mit einem Stockmaß über 140 cm sind. Nach übereinstimmender Meinung kommen die besten Poloponys aus Südamerika, besonders aus Argentinien. Die für das Polospiel gezüchteten und ausgebildeten Tiere sind außerordentlich wendig, können erstaunlich schnell beschleunigen, plötzlich die Richtung ändern und zeichnen sich oft durch eine überdurchschnittliche Intelligenz aus.

High Goal Polo wird so genannt, weil die Spieler der Vierermannschaften je nach Können mit Handicaps von minus zwei bis plus zehn belegt werden; die besten Spieler haben die höchsten Handicaps, während Anfänger eine Vorgabe von minus zwei erhalten. Die Handicaps aller Spieler einer Mannschaft werden addiert und die Summen beider Mannschaften gegeneinander aufgerechnet. Es wird auf zwei Tore gespielt, aber nach jedem Treffer ist das entgegengesetzte Tor das Ziel, und diese Richtungswechsel können für einen unerfahrenen Zuschauer recht verwirrend sein. Unterteilt ist das Spiel in sechs Abschnitte von jeweils sieben Minuten, sogenannte Chukkas oder Chukker. Da das Spiel so schnell und anstrengend ist, werden die Pferde nach jedem Chukker gewechselt. Ein Polospieler braucht also nicht nur mehrere Pferde, sondern auch viel Begeisterung und ein wohlgepolstertes Bankkonto. High-Polo-Mannschaften werden gewöhnlich von reichen Gönnern gesponsort, die ihre Mannschaften mit Berufsspielern auffüllen, von denen viele für die Sommermonate aus Südamerika nach Europa kommen.

Poloponys müssen mutig und ausdauernd sein, um das aggressive Abreiten durchstehen zu können, durch das ein Spieler einem anderen den Ball abjagen kann. Um die Holzkugel im vollen Ritt exakt zu treffen, muß man viele Stunden lang üben; den Anfang macht man auf einem Holzpferd. Dann folgen erste Trainingsstunden auf einem richtigen Pferd und zahllose weitere Stunden zur Vervollkommnung der Technik. Ständiges Training ist für einen aktiven Spieler unerläßlich. Sehr wichtig ist beim Polo das Stellungsspiel ohne Ball. So wertvoll ein hervorragender Einzelspieler auch ist, muß er doch bereit sein, sich harmonisch in seine Mannschaft einzufügen.

REITKUNST IN PERFEKTION

Das Vielseitigkeitsreiten, auch Military genannt, ist ein Sport, der sich in allen seinen Disziplinen ständig weiterentwickelt. Auf dem linken Bild stellt Dr. Reiner Klimke, vielfacher deutscher Goldmedaillengewinner im Dressurreiten, auf seinem berühmten Pferd Ahlerich hervorragendes Können und exakteste Disziplin unter Beweis. Beim Dressurreiten verteilen gestrenge Kampfrichter Noten für jede Lektion in einer Aufgabe, die im Dressurviereck auswendig vorgeritten werden muß. Bei internationalen Wettkämpfen können zwischen 30 und 40 Lektionen gefordert sein. Beherrscht wird die Dressurreiterei seit dem Zweiten Weltkrieg von deutschen Reitern und Reiterinnen, aber betrieben wird dieser Sport weltweit in vielen Ländern. Der Apfelschimmel auf dem Bild oben zeigt seine Künste vor dem Blenheim-Palast in Oxfordshire, der dem Herzog und der Herzogin von Marlborough gehört.

Das Vielseitigkeitsreiten ist die gründlichste Prüfung für ein Reitpferd, die dem Tier sehr viel abverlangt. In der Regel findet die Veranstaltung an drei aufeinanderfolgenden Tagen statt: Am ersten Tag die Dressur, am zweiten der Geländeritt und am dritten das Springen. Auf diesen Seiten sehen wir zwei Teilnehmerinnen an den Olympischen Spielen in Seoul, Phyllis Dawson aus den Vereinigten Staaten (oben) und die Engländerin Virginia Leng auf Nightcap (rechts). Virginia Leng hatte schon früher eine Weltmeisterschaft im Dressurreiten gewonnen und hielt sich in Seoul an allen drei Tagen hervorragend. Wer an einer Vielseitigkeitsprüfung teilnehmen will, muß nicht nur zahllose Stunden harten Trainings absolvieren, sondern auch ausgezeichnet mit seinem Pferd harmonieren. Das Vielseitigkeitsreiten ist ein so harter Sport, daß bis zum Jahr 1956 Frauen von den olympischen Wettkämpfen ausgeschlossen blieben. Heute zählen sie zur Weltspitze.

Zu den großen Ereignissen im englischen Reitsportjahr gehört der Geländeritt bei den Badminton Horse Trials, die gewöhnlich im Frühjahr veranstaltet werden. Über eine Viertelmillion Besucher eilen in den Park von Badminton House in der Grafschaft Avon, dem Schloß des Herzogpaars von Beaufort. Die Gründung dieser Veranstaltung durch den 10. Herzog im Jahr 1949 hat den Geländeritt in Großbritannien ganz entscheidend gefördert; seither haben englische Reiter in dieser Disziplin mehr Olympia-, Welt- und Europameisterschaftsmedaillen gewonnen als in jeder anderen Reitsportart.

Badminton ist nach wie vor für jeden Pferdesportler eine große Herausforderung. Der Parcours ist so angelegt, daß die Hindernisse »den Reitern Furcht einjagen, aber die Pferde dadurch keinen Schaden nehmen«. In den Parcours einbezogen ist auch der Badminton-See (unten), um den sich die meisten Zuschauer drängen. Rechts sehen wir Ian Stark beim Sprung in den Badminton-See. Er reitet Murphy Himself, den temperamentvollen Apfelschimmel, mit dem er 1990 bei der Weltmeisterschaft in Stockholm die Silbermedaille im Einzelwettbewerb gewann.

Beim Springreiten ist Mut vonnöten, wie hier der holländische Reiter Eddy Stibbe auf Bristol's Autumn Spirit II bei den Badminton Horse Trials unter Beweis stellt. Von Natur aus ist das Pferd ein Herdentier, das gern in der Gemeinschaft von seinesgleichen handelt, aber bei Vielseitigkeitsprüfungen muß es sich ganz auf sich gestellt bewähren, wird nicht wie bei Laufwettbewerben durch andere Pferde unterstützt und angespornt. So schwierig der hier gezeigte Sprung über Wassergraben und Hindernis auch dem Laien erscheinen mag, kann ihn ein Pferd meist problemlos bewältigen, da es über eine erstaunliche Sprungkraft verfügt (sogar aus dem Stand erzielt es Weiten von bis zu 5,5 Meter). Aufgabe des Reiters ist es, dafür zu sorgen, daß das Pferd beim Absprung gut im Gleichgewicht ist und auch beim Galoppieren zwischen den Hindernissen seinen gleichmäßig raumgreifenden Schritt beibehält.

Bei einer drei Tage dauernden Vielseitigkeitsprüfung wird beim Geländeritt des zweiten Tages und beim Springen des dritten Tages nicht nur auf Zeit geritten, sondern wichtig ist es auch, Verweigerungen und Abwürfe zu vermeiden. Um während des Ritts ihre Zeit kontrollieren zu können und keine Zeitstrafen einzuheimsen, trägt Karin Straker (oben) eine deutlich ablesbare Uhr. Karin Straker, Mitglied der britischen Olympiamannschaft, zählt zu den besten englischen Reiterinnen. Vor einem solchen Wettbewerb schreiten die Teilnehmer häufig den ganzen Parcours ab, um sich einen Zeitplan zurechtzulegen und die beste Absprungstelle vor jedem Hindernis zu erkunden. Bei schwierigen Hindernissen bleibt dem Reiter allerdings wenig Spielraum, wie die bei den Burghley Horse Trials gemachte Aufnahme rechts erkennen läßt. Das Pferd braucht viel Mut, um durch den oberen Teil dieses Hindernisses zu springen, das einer unbeschnittenen Hecke in freier Wildbahn nachgebildet ist, doch mutig muß auch der Reiter sein. Nicht ohne Berechtigung lautet ein alter Grundsatz für solche Springen: »Wirf dein Herz über das Hindernis und spring hinter ihm her!«

SPRINGREITEN

Turnierspringen erfordert eiserne Nerven, erstklassige Präzision und ein außergewöhnlich gutes Pferd, wenn man sich bei internationalen Wettbewerben behaupten will. John Whitaker und sein prächtiger Grauschimmel Henderson Milton (linkes Bild) erfüllen diese Voraussetzungen, wie sie schon oft bei Veranstaltungen in aller Welt bewiesen haben. Das Pferd hat zahlreiche begeisterte Freunde, die ihm Weihnachtskarten schicken und sich dafür als Souvenirs ein paar Haare aus seinem Schweif erbitten. In Großbritannien ist Henderson Milton eines der populärsten Turnierpferde aller Zeiten.

Für Springturniere im Freien am besten geeignet ist in Großbritannien der All England Jumping Course in Hickstead in der Grafschaft Sussex (unten). Angelegt und ausgebaut wurde der Parcours von dem springreitbegeisterten Douglas Bunn. Das bedeutendste Ereignis auf diesem Parcours ist das berühmte alljährliche Springderby.

Die führende amerikanische Springreiterin Anne Kursinski und ihr Pferd Starman veranschaulichen, warum das Springreiten in den Turnierhallen, an den Parcours im Freien und seit den weltweiten Fernsehübertragungen auch vor den Bildschirmen riesige Menschenmengen zu faszinieren vermag. Die Parcours wurden in der Nachkriegszeit immer vielfältiger, so etwa durch den Einbau von Wassergräben wie in Aachen (rechtes Bild). Manche meinen, die Hindernisse seien heute zu schwierig, aber die Pferde scheinen mit dieser Entwicklung gut mitzukommen. Springpferde erreichen häufig ihre Bestform erst mit knapp zwanzig Jahren, in einem Alter, das in anderen Pferdesportarten, bei denen die Ausdauer im Vordergrund steht, als Greisenalter gilt. Offensichtlich hält der Sport aber auch die Reiter jung, können sie doch bis ins fünfte Lebensjahrzehnt hinein Spitzenleistungen erbringen. Beim Springreiten können Sekundenbruchteile und Millimeter über Sieg oder Niederlage entscheiden, eine nervenaufreibende Angelegenheit für Reiter und Pferd.

Wie uns dieses Buch vor Augen führt, sind Mensch und Pferd auf vielfache Weise miteinander verbunden, sind eine Partnerschaft eingegangen, die in der heutigen Zeit besonders im Reitsport deutlich wird. Und für viele Menschen ist das Pferd weit mehr als ein »Nutztier«; ihnen ist es zum Freund geworden.

BILDNACHWEIS

Action-Plus Photographic/Chris Barry 70–71; Action-Plus Photographic/Mike Hewitt 68–69, 72; Animal Photography/Sally Anne Thompson 20–21, 28–29, 29, 32, 42 unten, 58–59, 60–61, 61; Animal Photography/R. Willbie 54, 78–79; Robert Harding Picture Library 42–43; Kit Houghton 1, 2, 6–7, 8, 9, 10, 14–15, 16–17, 18, 21, 24–25, 25, 33, 34, 38, 40–41, 49, 52, 52–53, 55, 64–65, 76, 84–85, 85 oben, 88, 90–91; Bob Langrish 11, 19, 22–23, 26, 27, 30–31, 36–37, 37, 38–39, 44, 48–49, 50 oben, 50–51, 56–57, 62–63, 66–67, 72–73, 74–75, 77, 80, 81, 82, 83, 89, 90 oben, 92–93, 94, 95; Sandra Langrish 86–87; Trevor Meeks 46; Octopus Publishing Group Ltd/Kit Houghton 4–5; Staatliches Österreichisches Fremdenverkehrsbüro 45; Elisabeth Weiland 35, 47; ZEFA Picture Library 12–13.